A JESÚS
A TRAVÉS DE MARÍA

PADRE AZAM 'VIANNEY' MANSHA, CJM
SACERDOTE EUDISTA - MISIONERO DE LA MISERICORDIA

ISBN: 978-1-959312-33-8

Derechos de autor ©2025, por
Los Eudistas – CJM, Inc.
Todos los derechos reservados.

Publicado por

PO Box 3619
Vista, CA 92085

www.eudistsusa.org

Este libro está dedicado a mis padres (Mansha Masih y Surriya Bibi), a mis abuelos (Sharif Masih y Meera Bibi) y a los padres Augustine Soares, Robert D'Silva y Pierre Drouin.

TABLA DE CONTENIDO

Capítulo 1
A Jesús A Través de María 1
El viaje Mariano de San Juan Eudes
(1601-1680) 8
   Un nacimiento milagroso 10
   La intercesión de la Santísima
   Virgen María 12
   La Santísima Virgen María y las
   Congregaciones 14
   El Corazón Admirable de María ... 17
   María y las misiones 23
   Las pruebas de María y Eudes 25
   El contrato de Juan Eudes con
   María: "Un pacto matrimonial" 27
   El último testamento de María y
   Eudes 30

Capítulo 2
A Jesús A Través de María 35
Espiritualidad Mariana Eudista 40

El Significado Simbólico Del
　　Corazón De María 42
　　El Corazón De María: Volviéndose
　　Hacia Jesucristo 47

Capítulo 3
　　La Escuela Mariana..........................51
　　　¿Qué Es La Escuela Mariana? 52
　　Fr. Azam - El Anillo De Bodas De
　　Mis Padres 60

Sobre El Autor 63

Notas Finales 65

CAPÍTULO 1
A JESÚS A TRAVÉS DE MARÍA

P. Azam - Iniciando un camino con los Padres Eudistas

Era el año 2014, y yo era estudiante de teología de cuarto año, segundo semestre, en Pakistán. Ya soñaba con mi ordenación sacerdotal. Mi tía, monja del Buen Pastor, estaba en Sri Lanka y planeaba con mi familia comprarme la casulla de ordenación.

Todo iba bien y estaba agradecido al Señor por todo.

Pero un día, un nuevo arzobispo de mi diócesis me llamó a su despacho y me dijo que suspendiera mi formación sacerdotal. No me dio ninguna razón, simplemente me dijo que era decisión del consejo. Había estado en el seminario durante diez largos años, pero todo terminó abruptamente en diez minutos. Durante mis años de formación, siempre había creído —y todavía creo— que la Iglesia es una Madre amorosa, pero esta dolorosa experiencia destrozó mi creencia, y me pregunté cómo una madre podía hacerle esto a su propio hijo. Pero decidí aceptar la decisión como parte del plan de Dios para mí, incluso al regresar a casa destrozado y herido.

Le conté a mi hermano mayor sobre la decisión arquidiocesana. Por su parte, mi hermano me sonrió y me dijo: «Bienvenido a casa». Mientras tanto, tardé casi tres semanas en poder darle la noticia a mi madre. Para mi sorpresa, no solo lloró conmigo, sino que también me sonrió y me dijo: «¡Quédate conmigo!

Algún día serás un buen sacerdote». (Ya soy sacerdote), Pero aún estaba en proceso de convertirme en un buen sacerdote. La noticia de mi interrupción de la formación se extendió entre nuestros familiares. Uno de ellos se acercó a mi madre para preguntarle si estaba dispuesto a casarme. Independientemente de lo aparentemente gracioso de la propuesta, me sentí abierto a la idea de casarme. También me alegraba la idea de este matrimonio arreglado porque mi futura esposa era estudiante de doctorado en sociología y yo planeaba retomar y terminar mis estudios superiores. Parecía, como mínimo, la pareja perfecta.

Pero un día, de repente, mi director espiritual, el P. Robert D'Silva (que en paz descanse), me llamó y me pidió que lo visitara. Quienes son directores espirituales aquí saben que no suelen llamar a su dirigido; esperan a que este se acerque. Pero mi director espiritual era único, ya que era de los que me llamaban si no lo veía durante dos meses seguidos. Fue mi director espiritual durante nueve años.

El P. Robert D'Silva fue un hombre que dejó su prestigiosa carrera militar para hacerse sacerdote. Fue párroco de mi parroquia natal, San Antonio de Padua en Karachi, durante muchos años. Me conoció desde la infancia. A lo largo de mi vida parroquial y mi formación en el seminario, siempre lo busqué en busca de inspiración, ánimo y guía. Así que, cuando el Padre Robert me llamó, no pude negarme. Fui a contarle la triste noticia. ¡Lloramos muchísimo! Al rato, me preguntó qué pensaba hacer. Le dije que había aceptado la decisión de mi arzobispo y que la consideraba la decisión de Dios para mí. También le dije que planeaba casarme e incluso le pregunté si podía oficiar la misa nupcial.

Pero con su sabiduría, me explicó con dulzura que los superiores también son seres humanos y que también pueden equivocarse en sus decisiones. Continuó diciendo que «nuestra Iglesia es humana y divina». Terminó nuestra conversación diciéndome: «Por lo tanto, creo que deberías intentarlo en otro lugar». A decir verdad, me resistía, pero no me atreví a rechazar al P. Robert, pues siempre lo había considerado un hombre de Dios, un padre espiritual y mi guía espiritual, *in persona Christi* para mí, así que le dije que Sí.

Al día siguiente, redacté un correo electrónico dirigido a casi treinta congregaciones y, para mi sorpresa, veintiséis congregaciones respondieron ese mismo día, expresando su disposición a iniciar el proceso de diálogo y discernimiento. Fue una señal clara y visible de que Dios seguía llamándome a la vocación sacerdotal.

No estaba seguro de lo que Dios tenía planeado para mí, así que hice una peregrinación Mariana para buscar su poderosa intercesión. De hecho, me trajo calma y entusiasmo, pero me pregunté ¿adónde debo ir? ¿Qué dirección tomar?

Le pedí a la Santísima Virgen María su poderosa intercesión para poder servir a su Hijo Único, Jesucristo. Una voz interior me decía: «Ve a un retiro de discernimiento»."

Así que fui a un retiro Ignaciano para tener un discernimiento más profundo y, con suerte, tomar la decisión correcta. Recibir tantas respuestas afirmativas de congregaciones de Estados Unidos, Irlanda, Inglaterra y Francia solo aumentó mi incertidumbre y desconcierto. Incluso después del retiro, seguía sin decidir adónde ir. Inmerso en este dilema mental y espiritual, fui a ver a mi tía, la Hna. Maqsood Ambrose, hermana de Nuestra Señora de la Caridad del Buen Pastor. Al verme, me preguntó de inmediato: «¿Cuándo vas a escribir a los Padres Eudistas?». Interpreté sus palabras como la voz de Dios, que atravesó mi mente confusa y me dirigió hacia los Padres Eudistas en Filipinas.

Fue la voluntad de Dios que me sacaran de mi diócesis. Fue la voluntad de Dios que me uniera a los Padres Eudistas, y es la voluntad de Dios que hoy les hable. Si no me hubieran sacado de mi diócesis, no habría ido a Filipinas; y si no hubiera ido a Filipinas, no habría podido convertirme en sacerdote eudista; y si no fuera eudista, ¿cómo podría escribir este libro?!

El viaje Mariano de San Juan Eudes (1601-1680)

El miércoles 14 de noviembre de 1601, nació un niño en la familia de Isaac y Marta Eudes. Fue bautizado con el nombre de Juan el viernes 16 de noviembre en la iglesia de Nuestra Señora de Ri,[1] Francia[1] Ingresó en el Oratorio del Cardenal Pierre de Bérulle[2] el 25 de marzo de 1623 y recibió el sacramento del Orden Sagrado el 20 de diciembre de 1625. Celebró su primera misa el día de Navidad de 1625 en la Casa del Oratorio de París, en la calle Saint-Honoré[3] Permaneció casi veinte años como oratoriano y, a finales de marzo de 1643, se retiró de esa Congregación para fundar una propia.

Siendo Oratoriano, ya había fundado la Orden de las Hermanas de Nuestra Señora de la Caridad del Refugio en 1641. Tras dejar a los Oratorianos, fundó la Congregación Sacerdotal de Jesús y María el 25 de marzo de 1643. También fundó una sociedad especial para laicos: las Hijas del Sagrado Corazón de la Admirable Madre.[4]

San Juan Eudes ha hecho una contribución distintiva a las prácticas teológicas, litúrgicas y devocionales de la mariología, en particular su tratamiento del Sagrado Corazón de María. La primera misa pública solemne del mundo en honor al Sagrado Corazón de María fue compuesta y celebrada por San Juan Eudes el 8 de febrero de 1648 en Autun, Francia.[5] También es el primer sacerdote que dedicó una iglesia en honor al Corazón de María.

Al reflexionar sobre los acontecimientos de su vida, San Juan Eudes consideró que había sido especialmente bendecido por Jesucristo por la intercesión de la Santísima Virgen María, a quien sentía una gran devoción. El resto de este capítulo destacará el papel de la Santísima Virgen

María en la vida de San Juan Eudes y su devoción hacia ella.

Un nacimiento milagroso

En cuanto a su nacimiento, San Juan Eudes reconoció que sus padres no tuvieron hijos durante tres años. Hicieron una peregrinación al santuario de Nuestra Señora de la Recuperación, a dieciocho millas de Ri. Allí rezaron para tener un hijo y le prometieron a Nuestra Señora que lo ofrecerían a Nuestro Señor y a Nuestra Señora.[6] San Juan Eudes escribió en su *Memoriale Beneficiorum Dei*:

> Mis padres estuvieron casados durante tres años sin poder tener hijos debido a una maldición que les impedía tenerlos. Entonces hicieron voto, en honor a la Santísima Virgen, de ir a Nuestra Señora de la Convalecencia, un lugar de devoción a esta misma Virgen en una capilla de la parroquia de Tourailles, en

la diócesis de Séez. Después, estando mi madre embarazada, ella y mi padre peregrinaron a la misma capilla, donde me ofrecieron y consagraron a Nuestro Señor y a Nuestra Señora.

Si los médicos tienen razón en su opinión de que el alma se infunde en los cuerpos de los niños varones el cuadragésimo día después de la concepción, mi alma fue creada por Dios y se unió a mi cuerpo el 25 de marzo, día en que el Hijo de Dios se encarnó y la Santísima Virgen María se convirtió en la Madre de Dios. Pues nací el 14 de noviembre y, en consecuencia, habiendo sido concebido nueve meses antes, el 14 de febrero fue el día de mi concepción. Ahora bien, desde ese día hasta el 25 de marzo hay exactamente cuarenta días.[7]

Por la peregrinación de sus padres a Nuestra Señora de la Reconciliación y su búsqueda de la intercesión de María, San Juan Eudes expresó su gratitud a Dios por la bendición de tener padres religiosos. Este acto de gratitud lo expresó con las siguientes palabras: "Dios me concedió la gracia de nacer de padres humildes, que vivieron en el santo temor de Dios y que, tengo motivos para creerlo, murieron en su gracia y amor."[8]

La intercesión de la Santísima Virgen María

San Juan Eudes siempre reconoció la intercesión de la Santísima Virgen María en su vida. Experimentó que ella nunca lo abandonó en los momentos difíciles de su vida. Constantemente buscó la intercesión de Nuestra Señora y recibió la gracia de Jesucristo. San Juan Eudes reconoció:

> Dios me preservó muchas veces por intercesión de mi bondadosa Madre, la Santísima Virgen María, cuando me

encontraba a punto de perder su gracia y de caer en el infierno del pecado.[9]

Mientras experimentaba el amor maternal de María, animó a otros a buscar también la intercesión y el consuelo maternal de la Santísima Virgen María. Escribió a una monja, hija mayor de Monsieur Blouet de Camilly, fallecido en octubre de 1661, que:

> Puesto que Jesús es tu esposo, mi querida hija, la Madre de Jesús es tu Madre: arrójate entonces a sus pies para saludarla y honrarla en esta relación contigo, y para ofrecerte y entregarte a ella, jurando que deseas servirla, amarla y seguirla como a tu virtuosa Madre, y rogándole que te proteja, bendiga y guíe como a su querida hija: y dile por estas intenciones, con todo tu corazón: *Monstra te esse matrem.* «Muéstrate madre.»[10]

La Santísima Virgen María y las Congregaciones

El 8 de diciembre de 1641, con motivo de la festividad de la Inmaculada Concepción de Nuestra Señora, San Juan Eudes abrió una casa de acogida para víctimas de la trata de personas, la cual dedicó al Sagrado Corazón de Jesús. Fundó una orden de monjas para atenderlas, bajo el patrocinio de Nuestra Señora. Las llamó Hermanas de Nuestra Señora de la Caridad del Refugio. El objetivo de esta orden, desde su nacimiento, fue brindar atención residencial y orientación para la conversión y rehabilitación de mujeres que habían sido atrapadas en la vida de trabajadoras sexuales.[11] Escribió:

> Fue también en el año 1641 que Dios me concedió la gracia de comenzar el establecimiento de la casa de Nuestra Señora de la Caridad, el día de la

Inmaculada Concepción de María Santísima.[12]

En 1651, la Orden de las Hermanas Nuestra Señora de la Caridad del Refugio recibió el reconocimiento del Rey de Francia y de las autoridades eclesiásticas nacionales en París.[13] El cardenal Richelieu envió una carta-patente autorizando a estas monjas a continuar su ministerio con las mujeres necesitadas. La carta patente fue firmada por el rey en Saint Germain-en-Laye en noviembre de 1642, y el texto dice:

> . . . bajo la advocación de Nuestra Señora del Refugio, para la recepción de dos clases de personas, a saber: muchachas y mujeres, que después de haber llevado una vida escandalosa, desean retirarse allí por algún tiempo para enmendar su conducta, con libertad de salir cuando lo deseen; también damas de fama intachable, que son perfectamente libres y movidas por

el deseo de servir a Dios y trabajar por la salvación de las almas, se recluyen voluntariamente en la misma casa. . .[14]

Junto a la Orden de las Hermanas de Nuestra Señora de la Caridad del Refugio, en el mismo año (1641), el Padre Eudes trabajó para establecer una Congregación de sacerdotes. El propósito era formar futuros sacerdotes y buenos trabajadores para el Evangelio. Dijo:

> En 1641, durante la octava de la Natividad de la Santísima Virgen María, Dios me dio la gracia de formular el plan de establecer nuestra Congregación.[15]

A los 41 años, al salir del Oratorio del Cardenal Pierre de Bérulle, San Juan Eudes, el 25 de marzo de 1643, día de la Anunciación de Nuestra Señora, reunió a cinco sacerdotes y los llevó en peregrinación al santuario de la Santísima Virgen María en la Capilla de Notre Dame de la

Delivrande, a ocho millas de Caen. Allí, en la capilla, se postraron ante la estatua de Nuestra Señora y se consagraron a Jesús y a María. La nueva Congregación nació con dos objetivos principales: la santificación del clero y la evangelización del pueblo de Dios mediante la predicación de misiones parroquiales.[16]

> En el año 1643, Nuestro Señor y Su Santísima Madre, en su excesiva bondad, nos concedieron la gracia de comenzar el establecimiento de nuestra pequeña Congregación el 25 de marzo, día en que el Hijo de Dios se hizo hombre y la Santísima Virgen se convirtió en la Madre de Dios.[17]

El Corazón Admirable de María[18]

Después de establecer la comunidad de sacerdotes, recibió permiso del obispo de Angennes para celebrar la fiesta del

Corazón de Nuestra Señora, en privado, en la capilla de su comunidad. La fecha que inicialmente propuso al obispo fue el 20 de octubre, pero tras meditarlo un poco, decidió celebrarla el 8 de febrero. Para crear la celebración litúrgica en honor del Corazón Admirable de María, preparó un oficio y compuso la Santa Misa.[19] Gracias a su gran esfuerzo, predicación y escritos, la primera misa pública solemne del mundo en honor al Santísimo Corazón de Nuestra Señora se celebró el 8 de febrero de 1648 en Autun, Francia.[20] Poco antes de su muerte, el 19 de agosto de 1680, San Juan Eudes completó su obra maestra, El Corazón Admirable de la Santísima Madre de Dios. Tardó dieciocho años en completar el libro. Se puede apreciar que el libro fue una expresión de su gratitud a Nuestra Señora.

El 25 de julio del mismo año 1680, Dios me concedió la gracia de terminar mi libro, El Admirable Corazón de la Santísima Madre de Dios.[21]

El arzobispo de Boston del siglo XX, Richard J. Cushing, dijo sobre el libro de San Juan Eudes antes mencionado: "Este fue el primer libro escrito sobre la devoción a los Sagrados Corazones... uno de los grandes tratados devocionales que han marcado la historia de la vida de oración católica". Además, añadió: "San Juan Eudes [fue] el 'prodigio de su tiempo' y, entre sus libros, ninguno enriquece más la vida espiritual de sus lectores que este clásico devocional incomparable, El Admirable Corazón de María."[22]

Durante la vida de San Juan Eudes, hubo otras personas que apreciaron y reconocieron sus esfuerzos por promover la devoción al Corazón de María. Entre ellas, los obispos aprobaron el oficio y la celebración litúrgica de la fiesta del Corazón de María en sus respectivas diócesis, como Autun, Noyon, Lisieux, Coutances, Évreux y Caen. En 1667, mientras dirigía una misión en Évreux, San Juan Eudes recibió permiso del obispo para establecer la fiesta del Santísimo Corazón de la Santísima Virgen también en esta diócesis. El Padre Eudes escribió:

> En 1667... Durante esta misión, establecimos la fiesta del Santísimo Corazón de la Santísima Virgen en varias de las iglesias de Evreux, y Su Señoría [el Obispo] concedió permiso para que esto se hiciera en toda su diócesis.[23]

Además de los obispos diocesanos, había dos teólogos: Dom de la Dangie de Renchy y el Padre Chancerel, quienes también aprobaron la oración *Ave Cor* escrita por San Juan Eudes. Esta oración fue compuesta originalmente por Santa Matilde, seguidora de Santa Gertrudis. El Padre Eudes la amplió y la recompuso. Decía así:
Salve, Corazón Santísimo.

Salve, Corazón Manso.
Salve, Corazón Humilde.
Salve, Corazón Purísimo.
Salve, Corazón Devotísimo.
Salve, Corazón Sabio.
Salve, Corazón paciente.
Salve, Corazón obediente.
Salve, Corazón vigilante.
Salve, Corazón fiel.
Salve, Corazón bendito.
Salve, Corazón misericordioso
Salve, Corazón amantísimo
de Jesús y María:

Te adoramos, te alabamos,
Te glorificamos, te damos gracias, te amamos, con todo nuestro corazón, con toda nuestra alma, con toda nuestra fuerza;
Te ofrecemos nuestro corazón,
te lo damos, te lo consagramos,
te lo sacrificamos,
Recíbelo y poséelo por completo, purifícalo, ilumínalo y santifícalo.
En él vive y reina ahora y por siempre.
Amén.[24]

El jesuita canadiense, el padre Pierre Joseph Marie Chaumonot, escribió una carta de agradecimiento al padre Eudes por su esfuerzo, devoción y amor a María. Deseaba unirse a San Juan Eudes y aprender de él sobre el Admirable Corazón de María. El texto de la carta es el siguiente:

. . . ¿Podría yo atreverme a pediros, por amor de María, Virgen y Madre, a quien tanto amáis, que me procuréis el beneficio de ser admitido, como el último de vuestros servidores, al servicio de esta Soberana Señora? . . . En la medida de lo posible, pedirle una parte de la devoción que le tiene... Me alegraría saber que existe una asociación de *Capellanes de Nuestra Señora*... que honra a la Santísima Virgen y ofrece a Dios, por sus manos, a su adorable Hijo... Por favor, inicie esta asociación y hágame el favor de admitirme en ella... El amor que tiene por la Santísima Virgen me sirve de excusa por haberme tomado la libertad de escribirle tan familiarmente, yo, que sólo soy un pobre hombre a quien nadie conoce.[25]

María y las misiones[26]

San Juan Eudes llevó una imagen Mariana particular en sus 117 misiones, retratada en el reverso de este libro.[27] Robert de Pas escribe: *"Era una pequeña estatua de madera estucada y policromada. Perteneció a San Juan Eudes; estaba sobre su mesa y a veces la llevaba en sus misiones."*[28] Durante sus misiones, nunca olvidó agradecer a Nuestra Señora por todas sus intercesiones ante Jesucristo. Reconoció que, gracias a su intercesión, recibió muchos favores en diferentes misiones. Para honrar a Nuestra Señora, fundó y dedicó una iglesia al Sagrado Corazón de María. Esta se convirtió en la primera iglesia del mundo que recibió el nombre del Corazón de María.[29] Agradeció a Nuestra Señora que le concedió todos los favores y escribió:

> No debo olvidar otros siete favores que nos han concedido Nuestro Señor y Su

Santa Madre, por los cuales les debo un agradecimiento particular.

...El segundo favor fue que Nuestro Señor Jesucristo y su dignísima Madre nos concedieron la gracia de erigir una iglesia en Coutances, en un período de tres años. Esta es la primera iglesia jamás construida y dedicada en honor del Santísimo Corazón de la Santísima Virgen, quien tiene un solo Corazón con su amado Hijo.

...La cuarta fue que, por una maravillosa demostración de su divino poder y de su infinita misericordia, Dios se dignó darnos, contra toda probabilidad, la gran plaza que hay delante de nuestra casa de Caen para la construcción de una iglesia en honor del Santísimo Corazón de nuestra admirable Madre, y para la erección de los demás edificios y alojamientos que necesitábamos, valiéndose de Su Señoría Francisco

Servien, obispo de Bayeux, para proporcionarnos este don…

La quinta es que Dios me preservó muchas veces, por intercesión de la bondadosa Madre, la Santísima Virgen María,

Cuando me encontré al borde de perder Su gracia y caer en el infierno del pecado.

…La séptima es una infinidad de otras gracias que Nuestro Señor me ha concedido por mediación de su dignísima Madre, por las cuales ambas sean benditas y glorificadas por toda la eternidad.[30]

Las pruebas de María y Eudes

Nuestra Señora nunca dejó solo a su hijo espiritual, San Juan Eudes. Como ejemplo, el autor quisiera presentar solo uno de muchos incidentes.[31] Hubo momentos en que San Juan Eudes atravesó grandes dificultades. Necesitaba pagar una gran cantidad de dinero al ayuntamiento. No tenía recursos para pagar. Pero por intercesión de María, la ayuda llegó. Nos cuenta:

> En el año 1662, un sábado, víspera de la Visitación de Nuestra Señora, Nuestro Señor nos proporcionó los medios para pagar un préstamo de trescientas sesenta y nueve libras que debíamos a la ciudad de Caen por la plaza frente a nuestra casa, que nos había sido concedida en feudo… Por pura caridad, él [un hombre de París que desea permanecer en el anonimato], o mejor dicho, Nuestro Señor y su Santísima Madre, nos dio la suma de diez mil francos, de los cuales tomamos unos ocho mil para efectuar esta amortización y pagar dos años de

atrasos adeudados por dicho préstamo. Por lo tanto, dediqué y consagré la plaza, ese mismo día, en honor al Santísimo Corazón de la Santísima Virgen. Hice también voto a Dios, en presencia del Santísimo Sacramento, de reconocerla como fundadora de la iglesia que deseábamos y esperábamos erigir más tarde en aquella plaza en honor de este mismo Corazón, así como fundadora de las casas necesarias y convenientes para nuestra Comunidad, y de no conceder jamás a ninguna otra el título de fundadora o fundadora.[32]

El contrato de Juan Eudes con María: "Un pacto matrimonial"

El 28 de abril de 1668, dos años antes de su muerte, San Juan Eudes redactó y firmó un contrato especial, que puede describirse como un pacto matrimonial, con la Santísima Madre de Dios. Escribió:

Oh admirable y amabilísima María, Madre de Dios, Hija única del Padre eterno, Madre del Hijo de Dios, Esposa del Espíritu Santo, Reina del cielo y de la tierra, no es de extrañar que estés dispuesta a ser la esposa del más insignificante de todos los hombres y del más grande de todos los pecadores... Oh caritativa entre todas las criaturas, dígnate aceptar las condiciones de nuestra santa unión que voy a escribir en este papel. Servirá como contrato, o mejor dicho, como copia del contrato, del cual imploro al Espíritu Santo que sea notario, para que lo grabe en tu Corazón y en el mío con las letras doradas e indelebles de su puro amor... Deseo respetarte y honrarte como mi Reina y Señora soberana, y deseo con todo mi ser, con todas sus dependencias y pertenencias... en agradecimiento por las innumerables gracias y favores que el Padre celestial me ha concedido por tu intercesión . . . Oh, mi honorable

Señora, que todo lo que soy, todo de lo que soy capaz, todo lo que poseo en cuerpo y alma, naturaleza y gracia, todo lo que espero en la gloria, y en general, todo lo que me pertenece, ya sea en el orden espiritual o temporal, o que depende de mí de cualquier manera, sea tuyo enteramente y sin reservas... ¡Oh, si tuviera cien millones de mundos, con cuánta alegría te los daría, oh mi Santa Esposa!... Deseo morar contigo en el amabilísimo Corazón de Jesús, que es también tu Corazón... ¡Oh, mi Reina totalmente deseable, qué deseo, qué amo, en el cielo y en la tierra, después de tu Jesús y el mío, sino a ti!... Sé que no hay nada más agradable a tu Hijo y a ti que trabajar por la salvación de las almas . . .[33]

Eudes reconoció que Nuestra Señora es la Madre de la Vida y de la Gracia cuando escribió:

Bendito seas, oh Jesús, por todo lo que eres y todo lo que realizas en tu Santísima Madre. Bendita seas, María, por todo el honor que has rendido a tu amado Hijo en todo tiempo, toda tu vida. Te ofrezco toda mi vida, oh Madre de Vida y Gracia. Con todo mi corazón, suplico a tu Hijo Jesús, Dios de vida y amor, que me concedas que toda mi vida rinda continuo homenaje a su santísima vida y a la tuya.[34]

El último testamento de María y Eudes

San Juan Eudes escribió en su testamento que deseaba ser enterrado con objetos religiosos marianos específicos. La elocuencia de su gran amor y devoción se puede apreciar en el siguiente texto:

Imploro a mis queridos hermanos que me entierren con el pequeño hábito blanco de mi amada Madre, incluyendo el cinto de seda blanca y el corazón que lleva una cruz de seda roja, así como el alba que he marcado para ese propósito, junto con el santo escapulario, el santo rosario que me dio Sor María des Vallees, el original de mi último testamento, del cual sobrevivirá esta copia, el *Contrato de Matrimonio* que hice con la Santísima Virgen y sobre todo, la santa imagen que está hecha en parte de reliquias santas y se conserva en un pequeño nicho de cobre dorado. [35]

En el último momento de su vida, San Juan Eudes celebró una vez más el amor y la devoción a María con las siguientes palabras:

> . . . Con todo mi corazón te entrego mi alma, oh Madre de amor, en unión con el mismo amor con el que mi Salvador te dio la suya en el momento de su Encarnación. Consérvala como algo totalmente tuyo; recíbela en tus

santísimas manos cuando salga de mi cuerpo, acógela en tu Corazón maternal; preséntala y dásela a tu amado Hijo, para que la coloque entre quienes lo amarán y bendecirán por toda la eternidad contigo y con todos los ángeles y santos en esa bendita eternidad. "Oh clemente, oh piadosa, oh dulce Virgen María, vida mía, dulzura mía y mi más querida esperanza"."[36]

San Juan Eudes falleció el 19 de agosto de 1680. La Santa Madre Iglesia aprecia su servicio y promueve la devoción al Sagrado Corazón de Jesús y al Admirable Corazón de María. Por ello, el 31 de mayo de 1909, Pío X lo inscribió entre los beatos y el papa Pío XI lo canonizo en 1925. En sus respectivas bulas de beatificación y canonización, ambos pontífices titularon a San Juan Eudes "Padre, Doctor y Apóstol de la devoción litúrgica al Sagrado Corazón de Jesús y de María". Por orden de Pío XI, se colocó una estatua de San Juan Eudes en la nave central de la Basílica de San Pedro en Roma.[37]

CAPÍTULO 2
A JESÚS A TRAVÉS DE MARÍA

P. Azam - Volviéndose hacia María

Era el 14 de junio de 2014, ya tenía todos los preparativos y me encontraba listo para ir a Filipinas. Acababa de recibir mi pasaporte y mi visa, las dos últimas cosas que esperaba, y me emocionaba mucho el hecho de que me reuniría con los eudistas allí. Era una tarde agradable y estaba almorzando con mi familia. Como mi vuelo era a las 23:55, pude disfrutar de nuestro almuerzo mientras compartíamos recuerdos de mi infancia.

Justo después de comer, le di mi bolso a mi hermana menor y le pedí que fuera tan amable de lavarlo. No me había dado cuenta de que mi pasaporte estaba dentro, y sin que mi hermana comprobara si había algún objeto de valor, lo metió directamente en la lavadora. Para cuando me di cuenta de que mi pasaporte estaba dentro, ya era demasiado tarde. Como resultado, no pude viajar esa noche, tuve que posponer mi viaje a Filipinas.

Al día siguiente, fui a la oficina de pasaportes para obtener uno nuevo. Uno de los requisitos era mi documento nacional de identidad, que por desgracia no llevaba conmigo en ese momento. Regresé a casa a buscarlo, ¡pero no lo encontré! Ya saben cómo son las cosas que perdemos en casa; ¡solo las encontraremos el día del juicio! Así que fui a la oficina de la base de datos nacional para solicitar un nuevo documento nacional de identidad, solo para descubrir que había un error administrativo en mis registros. El oficial me dijo: "¡Tu hermano menor nació solo tres meses después que tú!". En mi corazón, pensé: "¡Guau! ¡Mamá es una supermujer!". Mamá no me lo contó, así que no pude hacer otra cosa que volver a casa con el corazón roto.

Al llegar, mamá me miró y sonrió. Parecía que sabía lo que pasaba, pero aun así, me preguntaba cosas. Le conté toda la historia y le dije: "Mamá, no sé qué pasa". Ella volvió a sonreír y me dijo: "¿Por qué no vas al santuario mariano?"

Así que me dirigí a un santuario especial en Punjab, Lahore, y terminé llorando a nuestra Santísima Madre.

Mientras salía de la estación de regreso a Karachi, me encontré con un hombre alto que se me acercó, me estrechó la mano y empezó a hablar conmigo. Me dijo: "Me gusta cómo predicas y me gustaría que visitaras mi oficina". Ya sabes, cuando uno tiene el corazón roto, no quiere hablar con nadie. Me esforcé por controlar mis emociones porque, aunque no quería hablar con él, tampoco quería ser grosero.

Terminé diciéndole: "Claro, iré a tu oficina". Sin embargo, en el fondo de mi corazón, buscaba mi pasaporte. Entonces, este hombre alto me dio su tarjeta de visita y me pidió que fuera a verlo a su oficina. Tomé su tarjeta sin siquiera mirar su nombre y le prometí que lo haría. Al día siguiente, el día que tenía pensado visitarlo, saqué su tarjeta del bolsillo. Fue entonces cuando vi su nombre y me quedé impactado (el nombre y el cargo se mantienen en secreto por motivos de privacidad). Estaba tan impactado y en mi corazón dije: "¡Mamá trabaja muy rápido! Así que fui directo a verlo. Al llegar, su secretaria quería que pidiera cita. Intenté convencerla de que simplemente le informara al señor que estaba allí para verlo, pero insistió en que la pidiera. Finalmente cedí, y me dijo que volviera en dos semanas. Le dije: "No, necesito verlo urgentemente". Al final, comprendió mi dilema y me dijo: "De acuerdo, si el señor no quiere verte hoy, tienes que prometerme que no volverás en dos semanas". Le dije: "De acuerdo"."

Ella entró para informarle. Más tarde, me contó que cuando le informó que un joven llamado Azam lo esperaba afuera, saltó de su silla y exclamó: "¡Ay! ¡Ese hombrecito está aquí!". Así que salió y me invitó a su oficina. Me ofreció té, e inmediatamente saqué mi pasaporte y se lo di. Le dije: "Señor, estoy aquí para renovar mi pasaporte. Tengo un problema con él". Me miró. Miró mi pasaporte. Tomó mi pasaporte y se lo dio a su secretaria.

Mientras esperábamos, le conté la historia de Lázaro, que llevaba cuatro días muerto, y cómo Jesús, con sus poderosas palabras, lo resucitó. Conversé con él durante casi 30 minutos y comencé a tomar té. Al cabo de un rato, su secretaria regresó y me entregó un pasaporte nuevo. Estaba en shock, pero entonces, como ahora, creía firmemente que todo sucedió gracias a la poderosa intercesión de la Santísima Virgen María.

Espiritualidad Mariana Eudista

La escuela francesa de espiritualidad del siglo XVII[38] ha hecho una contribución significativa a la espiritualidad mariana. Uno de los temas principales de los maestros de la Escuela Francesa de Espiritualidad fue la mariología.[39] Se puede decir que la espiritualidad mariana dio un paso decisivo en la Iglesia católica con la Escuela Francesa de Espiritualidad. Entre estos maestros espirituales, San Juan Eudes realizó una importante contribución en los aspectos teológicos, litúrgicos y devocionales de la mariología, en particular su tratamiento del Corazón de María.[40] Fue gracias a los esfuerzos de San Juan Eudes que se celebró la primera celebración litúrgica pública en honor del Corazón de María en 1648 en Autun.[41] También fue el primer sacerdote en dedicar una iglesia con el nombre del

Sagrado Corazón de María en 1653 en Coutances. Según San Juan Eudes, había sido bendecido de una manera única al recibir el Corazón de Jesús y el de su amada madre María. Escribe en su Testamento:

> Con toda mi voluntad, me entrego a ese amor incomprensible por el cual Jesús y mi Madre de toda bondad me dieron su adorabilísimo Corazón de una manera muy especial. En unión con este mismo amor, lego este Corazón como algo que me pertenece y del cual puedo disponer para la gloria de mi Dios.[42]

En los escritos de San Juan Eudes, también según el arzobispo Cushing, El Corazón Admirable de la Madre de Dios es la síntesis o un tratado central.[43] San Juan Eudes completó este libro apenas tres meses antes de su muerte en 1680. En su beatificación, San Pío X lo llamó "El Padre, Doctor y Apóstol de la devoción litúrgica a los Corazones de Jesús y María"[44]

EL SIGNIFICADO SIMBÓLICO DEL CORAZÓN DE MARÍA

San Juan Eudes es un hombre de Sagrada Escritura y de profunda contemplación. Sus reflexiones devocionales se desarrollan plenamente a partir de la Sagrada Escritura. Por ello, en su último libro, escrito antes de morir, al explicar el significado simbólico del Corazón de María, ofrece sus interpretaciones para el significado de la palabra "corazón" de muchos lugares en la Sagrada Escritura, como:

1. La memoria, es decir, recordar lo que Dios ha hecho en tu vida (Deut 6:4)
2. El intelecto, es decir, el razonamiento sobre las cosas de Dios (Ps 18:15).
3. El libre albedrío, es decir, la madre de toda virtud y de todo vicio (Lc 6:45)

4. Asiento de contemplación, es decir, dirigir la mente directamente hacia Dios.
5. Toda la vida interior del hombre, es decir, llevar en el corazón las instrucciones como marca de Dios (Cantar de los Cantares).[45]

San Juan Eudes aprendió de San Agustín que antes de concebir a Jesús en su seno, lo concibió en su corazón[46] que según San Juan Eudes es "el corazón de su Padre, y el Espíritu Santo, que es el corazón del Padre y del Hijo". Se puede concluir aquí que, para San Juan Eudes, María no solo recibió a Jesús en su vientre, sino que lo recibió en su alma. Dice: "María lo llevó en su vientre solo nueve meses, pero lo llevó en su corazón desde el primer momento de su vida y lo seguirá llevando eternamente".[47] San Juan Eudes meditaba frecuentemente sobre dos textos especiales de Lucas que ambos dicen: «María guardaba todas estas cosas en su corazón y meditaba en ellas» (Lucas 2:19 y 2:51). Escribe:

> El Corazón de la Santísima Virgen es depositario y fiel guardián de los maravillosos misterios del Salvador. Ella guardó todas las maravillas de la vida de su Hijo, en cierto modo, en su corazón corpóreo, fuente de su vida y sede de todos sus impulsos; todos los movimientos y latidos de su corazón eran para Jesús.

El continúa diciendo:

> Los conservaba en su corazón, es decir, en su memoria, en su inteligencia, en su voluntad y en lo más profundo de su mente, pues todas las potencias de su alma estaban sin cesar aplicadas a recordar, meditar, contemplar, adorar y glorificar todo lo que acontecía en la vida de su Hijo.

El continúa diciendo:

> Los guardó en su Corazón, según la palabra divina: "Ponme como un sello en tu corazón" (Cantar de los Cantares, 8, 6); es decir: Se concentró en grabar en su alma y en su vida interior una imagen perfecta de la vida santa de su Hijo. Las conservó en su Corazón con la ayuda del Espíritu Santo, que es el espíritu de su espíritu, el corazón de su Corazón, quien le recordaba estas cosas para nutrir su contemplación y relacionarlas con los Apóstoles y discípulos.[48]

El concluye:

> En efecto, este Corazón incomparable de la Madre de nuestro Redentor es un espejo inmaculado en el que Jesús, Sol de la eternidad, se refleja perfectamente, en toda su belleza y perfección."[49]

Para San Juan Eudes, el Corazón de María parece ser el lugar donde recibió, meditó y alimentó a Jesús antes de su nacimiento y concepción. Posteriormente, presentó a Jesús al mundo, el salvador de la humanidad, mediante un nacimiento milagroso, comenzando con Isabel y Juan el Bautista. Por lo tanto, es necesario ver el Corazón de María como un lugar continuamente lleno de ternura, misericordia y compasión, porque Jesús ha vivido allí desde antes y después de su nacimiento. San Juan Eudes afirma,

> El Corazón de María es Jesús mismo, porque Jesús vive y reina tan plenamente en María que es el alma de su alma, el espíritu de su espíritu y el corazón de su corazón.[50]

EL CORAZÓN DE MARÍA: VOLVIÉNDOSE HACIA JESUCRISTO

La devoción Mariana, según San Juan Eudes, consiste en volverse hacia Jesús (Jn 2,3). María anima a la comunidad de fieles a acudir con confianza a su único hijo, Jesús, para acudir a sus necesidades, como hizo en Caná: "No tienen vino". Más tarde, con la misma confianza en Jesús, se dirige a los demás y les dice: "Hagan lo que Él les diga" (Jn 2,5). La devoción Mariana, según San Juan Eudes, no es una práctica devocional sentimental, sino una verdadera consagración a Jesús, es decir, ver a Jesús en María y a María en Jesús. Escribe:

> Oh Jesús, Hijo único de Dios e Hijo de María, te contemplo y te adoro, viviendo y reinando en tu Santísima Madre, y como el que todo lo es y todo lo hace en ella. Eres su vida, su alma, su corazón, su espíritu, su tesoro.

Estás en ella, santificándola en la tierra y glorificándola en el cielo. Estás en ella, revistiéndola con tus cualidades, imprimiendo en ella una imagen perfecta de ti mismo.

Bendito seas, oh Jesús, por todo lo que eres y todo lo que realizas en tu Santísima Madre. Bendita seas, María, por todo el honor que has rendido a tu amado Hijo a lo largo de toda tu vida. Te ofrezco toda mi vida, oh Madre de vida y gracia. Con todo mi corazón, suplico a tu Hijo, Jesús, Dios de vida y amor, que me concedas que toda mi vida rinda continuo homenaje a su santísima vida y a la tuya.[51]

María es inseparable de Jesús. Sigue a su Hijo durante su ministerio (Lucas 11). Cree en su Hijo antes de su primera señal y sigue creyendo en él después de la primera señal en Caná (Jn 2,1-11). Estas acciones de María, según San Juan Eudes, la distinguen como "la incomparable Virgen María, elegida entre todas las criaturas para ser su Madre [de Jesús]". Por lo tanto, cuando un creyente tiene devoción mariana, para San Juan Eudes no hay "mayor servicio a Jesucristo que hacer algo más agradable a Él [Jesús] que servir y honrar a su dignísima Madre"[52]

CAPÍTULO 3
LA ESCUELA MARIANA

El Padre Juan Eudes es conocido por su devoción Mariana. Desde 1641, trabajó en el texto litúrgico de la Misa y el Oficio Divino para una festividad en honor del Inmaculado Corazón de la Santísima Virgen María (IHBVM). Durante siete años (de 1641 a 1648), celebró la Misa en honor del IHBVM, pero solo en privado. Gracias a su arduo trabajo de predicación y escritura sobre esta fiesta, por primera vez se celebró una Misa pública en honor del IHBVM el 8 de febrero de 1648. Años después, y antes de su muerte, el Padre Eudes explicó la importancia y la necesidad de la devoción Mariana en un libro titulado El Admirable Corazón de María.

Este libro se considera una síntesis de todas las enseñanzas espirituales de

San Eudes. Según el arzobispo Richard J. Cushing, "Los dones característicos del devoto escritor —su elevación de pensamiento y franqueza de expresión— se ejemplifican admirablemente en las entrañables páginas de su obra maestra mariana".[53] La devoción de San Juan Eudes al Sagrado Corazón de Jesús y al Sagrado Corazón de María llevó al Papa León XIII a proclamarlo "Autor... de la devoción litúrgica al Sagrado Corazón de Jesús y al Sagrado Corazón de María"[54] El presente capítulo es una aproximación a la comprensión de la Escuela Mariana según San Juan Eudes a la luz del sentido exegético de Juan 19,25-27.

¿QUÉ ES LA ESCUELA MARIANA?

La Escuela Mariana, para San Juan Eudes, es "...una continuación de la vida de Jesús".[55] Es un lugar donde María enseña al creyente a ver a su Hijo único, Jesús, a través de sus ojos; por lo tanto, es importante estar en la Escuela Mariana. El Papa San Juan Pablo II también lo recomendó: "[María] fue un testigo único del misterio de Jesús. Desde el primer momento, la Iglesia miró a María a través de Jesús, como ella miró a Jesús a través de María"[56]

San Juan Eudes aprendió de San Agustín de Hipona que Jesús es el Verbo, Creador y Hacedor de su propia madre. Creó a su propia madre para ser concebido en ella.[57] Para San Juan Eudes, Jesús no solo creó a su propia madre, sino que también nos la dio a través del Discípulo Amado. Dice:

> Ella nos ama con el mismo amor con el que ama a su Hijo, Jesús. Nos ve y nos ama como hijos suyos, pues nuestro Salvador en la Cruz nos entregó a su Madre como hijos suyos, diciéndonos a cada uno lo que le dijo al discípulo amado: "Ahí tienes a tu Madre"[58]

Una escuela mariana según San Juan Eudes es "Contemplar a su madre". Fue desde la Cruz que Jesús creó una nueva familia donde María es la madre de todos los creyentes.[59] El Discípulo Amado aceptó obedientemente las palabras de Jesús a la vez que aceptó a María, la Madre de Jesús.[60] Al aceptar las palabras de Jesús, María y el Discípulo Amado entran en una nueva relación, es decir, madre e hijo:

> En Juan 19:25-27, Jesús le revela a su madre que el Discípulo Amado es su hijo, y al Discípulo que ella es su madre. Su aceptación silenciosa de convertirse en uno de los del Discípulo Amado indica su obediencia a la palabra de su Hijo.[61]

Al aceptar las palabras de Jesús, la madre de Jesús y el Discípulo Amado quedan ahora unidos por su fe común y su relación con Jesús. Su mutua aceptación forma el núcleo de una nueva comunidad de creyentes,⁶² donde los discípulos de Jesús se convierten en hermanos y hermanas de Jesús.⁶³ El Discípulo Amado tiene ahora una relación única con María porque es puesto en lugar de Jesús como hijo de María.⁶⁴ Por el contrario, en términos de la fe en Jesús, surge una nueva relación familiar. María y el Discípulo Amado han comprendido las palabras de Jesús. María acepta el rol maternal en la nueva familia de Jesús establecida en la Cruz.⁶⁵ Feuillet comenta: "Jesús transpone a un ámbito mesiánico y sobrenatural el papel maternal de la mujer: de María en primer lugar."⁶⁶

Resumiendo los hallazgos anteriores, podemos concluir que la Escuela Mariana según San Juan Eudes es:

i. Contemplar a la Madre de Jesús, es decir, aceptar a la Madre de Jesús como la propia madre, lo que significa entrar en una relación única con María.

ii. Ser hijo e hija de María, es decir, haber nacido espiritualmente de la misma María en la que Jesús fue formado físicamente por acción del Espíritu Santo.
iii. Ser hermano y hermana de Jesús, es decir, compartir una relación estrecha con Jesús, quien felizmente ha aceptado a los creyentes como hijos espirituales de María, así como sus hermanos y hermanas

La Escuela Mariana

Estatua Mariana Eudista

San Juan Eudes tenía una estatua Mariana especial que llevó consigo a lo largo de sus 117 misiones. Robert de Pas escribe: "Era una pequeña estatua de madera estucada y policromada. Esta estatua pertenecía a San Juan Eudes; estaba sobre su mesa, y a veces la llevaba consigo en sus misiones"[67] Hoy, esta imagen mariana se encuentra en la capilla de las Hermanas de Nuestra Señora de la Caridad del Buen Pastor en Caen, Francia.

Esta tradicional estatua mariana eudista siempre me ha fascinado. Me recuerda la promesa de Dios hecha en muchos contextos (Levítico 26:12; Éxodo 34:10; Isaías 7:14; Mateo 1:23; y Lucas 1:31). En el Nuevo Testamento, esta promesa se cumplió, y una virgen concibió al Hijo de Dios (Lucas 1:31-33). Qué alegría saber que lo Divino ha entrado en la historia de la humanidad, como dice el evangelista en el prólogo del cuarto evangelio:

"El Verbo se hizo carne y habitó entre nosotros" (Jn 1:4).

Es la gran humildad del Divino Hijo la que eligió a la Virgen María como su madre. Es magnífico ver que el niño Jesús, Señor de señores y Mesías, se alimenta del pecho de su madre. En esta estatua, veo la plenitud del amor. Una madre no piensa en el mundo mientras amamanta a su hijo, mientras que a este no le preocupa el ruido. Un bebé se alegra de recibir leche. Tanto la madre como el hijo están inmersos en compartir su amor, es decir, lo divino toca lo humano y lo humano toca lo divino. Ella es bendecida por Jesús, quien fue concebido por el poder del Espíritu Santo (Lc 1,35), quien lo conservó en su vientre durante nueve meses, quien lo alimentó en su vientre y luego en sus pechos. ¡Qué bienaventurada María, que escuchó a Jesús (Jn 2,4-5) y qué bienaventurada María, que estuvo junto a la cruz de Jesús (19,25-27) cuando él estaba creando una nueva familia! Es decir, crear la comunidad de creyentes, de la que María se convierte en madre (Jn 2,25-27).

FR. AZAM - EL ANILLO DE BODAS DE MIS PADRES

Cuando me hice sacerdote, mi madre me regaló un anillo de oro, una especie de anillo de bodas. La belleza de ese anillo no solo residía en que era de oro, sino en su gran importancia para mis padres. Cuando mi padre falleció, mi madre tomó su anillo y lo guardó. Cuando mi hermano mayor se casó, mi madre no se lo dio; cuando mi segundo hermano mayor se casó, mi madre no se lo dio; y cuando mi hermana menor se casó, mi madre tampoco se lo dio.

Pero cuando me hice sacerdote, ella tomó su anillo de bodas y el de mi padre, los juntó para formar uno solo y me lo regaló. (Como ya saben, mi madre nunca da nada a sus hijos sin darles una lección, ¡así fue!). Me dio el anillo y me dijo: "Ahora que eres sacerdote, quiero darte nuestros anillos de bodas, no solo como regalo, sino como recordatorio".

Me dijo que cada rosa tiene una espina, ¡Incluyendo el matrimonio! Puedo decir que ese día aprendí la teología del anillo de bodas gracias a mi madre. Me dijo que deletreara ANILLO (en inglés: **RING**). Como hijo obediente, lo hice. Después, continuó diciendo: "Esto no es solo un anillo de bodas. Recuerda, Azam, cuando lo usas, estás aceptando el SUFRIMIENTO" (SUFFER**RING**) -. El que sea sufrimiento no significa que debas huir de él, sino que debes empezar a SOPORTARLO (BEA**RING**). Cuando empieces a soportarlo, no dejes que tu vida se vuelva aburrida (BO**RING**). Cuando la vida se vuelva aburrida, empezarás a cuestionarte (WONDE**RING**). Entonces, una vez más, mira el ANILLO (**RING**) y recuerda que te lo estás poniendo para CUIDAR (CA**RING**) a los demás; para COMPARTIR (SHA**RING**) tu vida con los demás y para PERSEVERAR (PERSEVE**RING**) en tu vocación sacerdotal.

✦ ✦ ✦

SOBRE EL AUTOR

El P. Azam Vianney Mansha, CJM, pertenece a la Congregación de Jesús y María, también conocidos como los Padres Eudistas. Es el primer sacerdote Eudista de Pakistán. Posee un Grado Pontificio en Sagrada Escritura, además de los títulos de la Escuela de Divinidad de Melbourne (Australia) y la Universidad Pontificia Urbana (Roma). Ha sido profesor y asesor de tesis en diversas escuelas de teología de Filipinas. Actualmente presta servicios en la Parroquia de San Patricio en Carlsbad, California, y dirige estudios bíblicos y misiones parroquiales en diferentes parroquias de las diócesis de San Diego y San Bernardino.

NOTAS FINALES

CAPÍTULO 1: A JESÚS A TRAVÉS DE MARÍA

[1] Daniel Sargent, *Their Hearts Be Praised: The Life of St. John Eudes* (Nueva York: P. J. Kenedy & Sons, 1949), 147-48.

[2] Pierre de Berulle fue un teólogo sofisticado y aristócrata que sirvió en la corte francesa como capellán real. El papa Urbano VIII lo nombró cardenal durante el Consistorio del 30 de agosto de 1627. En 1611, Berulle fundó el Oratorio francés inspirado en el Oratorio italiano de San Felipe Neri. Ambas eran comunidades de sacerdotes sin votos, dedicados a un ministerio de predicación, educación y mejora de los estándares del estado clerical. En 1614, el papa lo nombró superior canónico de las monjas carmelitas en Francia. Murió el 2 de octubre de 1629. También es conocido como el fundador de la Escuela Francesa de Espiritualidad. El papa Urbano VIII lo nombró "El apóstol del Verbo Encarnado". Para estudios adicionales, véase William M. Thompson (ed.), *Berulle and the French School: Selected Writings*, traducido por Lowell M. Glendon (Nueva York: Paulist Press, 1989), 15-21; Raymond Deville, *The French School of Spirituality: Introduction and Reader*, traducido por Agnes Cunningham (Pittsburgh, Pensilvania: Duquesne University Press, 1987), 29-57; y Philip Sheldrake, *Spirituality:*

A Brief History, 2.ª edición (Oxford: Wiley-Blackwell, 2013), 137-40.

³ Juan Eudes, *Letters & Shorter Works*, traducido por Ruth Hauser (Nueva York: P. J. Kenedy & Sons, 1948), 290-91.

⁴ La sociedad estaba compuesta por mujeres que carecían de la salud y las condiciones necesarias para ingresar a la vida religiosa. Vestían un hábito oculto bajo su atuendo habitual: un escapulario blanco en honor a la Inmaculada Concepción, una banda blanca en honor a su virginidad y una cruz roja cosida en el escapulario sobre el corazón, símbolo de los sufrimientos de Nuestra Señora. María de los Vallees fue probablemente la primera miembro de esta sociedad. Para una breve reseña, véase Daniel Sargent, *Their Hearts be Praised*, 147-148.

⁵ Para el desarrollo y la importancia histórica de la fiesta litúrgica en honor al Inmaculado Corazón de la Santísima Virgen María y la contribución de San Juan Eudes, véase Azam Vianney Mansha, https://www.academia.edu/40935068/THE_HISTORICAL_SIGNIFICANCE_AND_DEVELOPMENT_OF_THE_LITURGICAL_FEAST_IN_THE_HONOR_OF_THE_IMMACULATE_HEART_OF_THE_BLESSED_VIRGIN_MARY_AND_ST._JOHN_EUDES_CONTRIBUTION

⁶ Daniel Sargent, *Their Hearts be Praised*, 1-5.

⁷ Juan Eudes, *Letters & Shorter Works*, 287-88

⁸ Ibíd, 287.

⁹ Ibíd, 301.

¹⁰ Ibíd., 177. Para San Juan Eudes, pedirle a María que se manifieste como madre es una súplica para entrar en la escuela mariana, donde se puede aprender de ella a conocer a Jesús. Para un análisis exhaustivo de este enfoque, véase Azam Vianney Mansha, https://www.academia.edu/39211873/AN_APPROACH_TO_UNDERSTANDING_THE_MARIAN_SCHOOL_ACCORDING_TO_ST._JOHN_EUDES_IN_THE_LIGHT_ OF_AN_EXEGESIS_OF_JOHN_19_25-27. Para una breve reseña, véase también Paul Milcent, *Saint John Eudes: Presentation & Selected Texts* (Glasgow: John S. Burns & Sons, 1964), 127-29.

¹¹ Daniel Sargent, *Their Hearts Be Praised*, 62-63.

¹² Juan Eudes, *Cartas y obras breves*, 295.

¹³ Paul Milcent, *St. John Eudes*, 52.

¹⁴ Daniel Sargent, *Their Hearts Be Praised*, 69.

¹⁵ Juan Eudes, *Letters & Shorter Works*, 294.

¹⁶ Daniel Sargent, *Their Hearts Be Praised*, pp. 73-75. Véase también Raymond Deville, *The French School of Spirituality*, pp. 112-114 y Paul Milcent, *St. John Eudes*, 10-14.

¹⁷ Juan Eudes, *Letters & Shorter Works*, 296.

¹⁸ El Corazón de María es el tema principal de la Mariología Eudista. San Juan Eudes promovió la devoción al Inmaculado Corazón de María. Sobre su contribución y sus antecedentes históricos, véase Azam Vianney Mansha, https://www.academia.edu/39212030/THE_HEART_OF_MARY_THE_PRINCIPLE_THEME_IN_EUDIST_MARIOLOGY. Para una presentación reciente sobre el significado y la celebración litúrgica de la fiesta del

Corazón de María, véase Luc Crepy y Marie-Françoise Le Brizaut, "*The Liturgical Celebration of the Heart of Mary*", en *St. John Eudes: Missionary Priest (1601-1680), Worker for the New Evangelization in the 17th Century*. Traducido del francés por Anne Josephine Carr y editado por Mary James Wilson (Quezon City: Claretian Communication Foundations, 2016), 101-106. Véase también, Jan G. Bovenmars, *A Biblical Spirituality of the Heart* (Alba House, Nueva York, 1991), 160-61, y Paul Milcent, *St. John Eudes*, 125-29.

[19] Juan Eudes, *The Admirable Heart of Mary*, traducido por Charles di Targiani y Ruth Hauser (Nueva York, 1948), 333.

[20] Daniel Sargent, *Their Hearts Be Praised*, 117.

[21] Juan Eudes, "Memoriale Beneficiorum Dei", n. 105 en *Letters & Shorter Works*, 314.

[22] Juan Eudes, *The Admirable Heart of Mary*, xvii-xviii.

[23] Juan Eudes, *Letters & Shorter Works*, 307.

[24] Daniel Sargent, *Their Hearts Be Praised*, 76. Aquí se utiliza una versión actualizada.

[25] Ibid, 199-200.

[26] En la época de San Juan Eudes, una misión parroquial buscaba literalmente reevangelizar toda una región. Durante esta actividad espiritual, los negocios locales paralizaban y los mercados cerraban. Se organizaban procesiones en honor al Santísimo Sacramento. Los sacerdotes predicaban diariamente durante horas. Una docena o más de sacerdotes estaban presentes para escuchar confesiones. Se organizaba una ceremonia especial para quemar libros pecaminosos e

imágenes obscenas; San Juan Eudes llamaba a esta hoguera "fuego de alegría":. Una misión duraba al menos un mes, pero a menudo incluso más. Para una breve reseña, véase Daniel Sargent, *Their Hearts Be Praised*, pp. 40-43.

²⁷ Para una breve reflexión sobre esta estatua, véase Azam Vianney Mansha, https://www.academia.edu/40924040/EUDIST_TRADITIONAL_MARIAN_IMAGE_HISTORY_AND_REFLECTION

²⁸ Robert de Pas, *Marie, Icone de Jésus: textes de Saint Jean Eudes*, 14. Traducción del autor del original francés: "*Petite estatua en bois stuqué et policromada. Cette estatua appartenait à saint Jean Eudes; elle était sur sa table, et il l'emportait parfois dans ses Missions.*»

²⁹ Véase, Álvaro Torres, *St. John Eudes: A Priest According to the Heart of God*, traducido por Lizanne Marsh (N. C: Rodek Print, N.Y), 39-40.

³⁰ Juan Eudes, *Letters & Shorter Works*, 300-302.

³¹ Para una breve reseña de las pruebas de Eudes, véase Daniel Sargent, *Their Hearts Be Praised*, 166-194; Álvaro Torres, *St. John Eudes: A Priest…*, "La cruz de Cristo", 20-22; "Una puerta se cierra", 26-27; "Dificultades en Nuestra Señora de la Caridad", 32-33 y "Problemas en el camino", 37-38; y Paul Milcent, *St. John Eudes*, 18-20.

³² Juan Eudes, *Letters & Shorter Works*, 303.

³³ Ibid, 318-323.

³⁴ Juan Eudes, *Oeuvres completes I*, 432-433.

³⁵ Juan Eudes, *Letters & Shorter Works*, 325-330, 327.

³⁶ Ibid, 338-39. Traducción del autor del original en latín: *"O clemens, O pia, O dulcis Virgo Maria, vita, dulcedo et spes mea charissima."*

³⁷ Alvaro Torres, *St. John Eudes: A Priest*, 48-49.

CAPÍTULO 2: A JESÚS A TRAVÉS DE MARÍA- VOLVIÉNDOSE HACIA MARÍA -

³⁸ Para una visión general de los principales temas teológicos de la Escuela Francesa de Espiritualidad, véase Azam Vianney Mansha, https://www.academia.edu/38058140/THE_THEOLOGY_OF_THE_FRENCH_SCHOOL_OF_SPIRITUALITY.

³⁹ El autor ha reseñado a los cardenales Pierre de Bérulle, John-Jacques Olier, Juan Eudes y Luis de Montfort en relación a su contribución a la mariología. Para el cardenal Pierre de Bérulle, Jean-Jacques Olier y Juan Eudes, véase Raymond Deville, *The French School of Spirituality: Introduction and Reader*. Traducido por Agnes Cunningham (Pittsburgh, Pensilvania: Duquesne University Press, 1994).

⁴⁰ Para una presentación reciente sobre el significado y la celebración litúrgica de esta fiesta, véase Luc Crepy y Marie-Françoise Le Brizaut, "La celebración litúrgica del Corazón de María", en *St. John Eudes: Missionary-Priest (1601-1680), Worker for the New Evangelization in the 17th Century*, 101-106.

⁴¹ Para una descripción general del desarrollo histórico de la fiesta del Inmaculado Corazón de la Santísima Virgen

María, véase Azam Vianney Mansha, El significado histórico y el desarrollo de la fiesta litúrgica en honor al Inmaculado Corazón de la Santísima Virgen María, https://www.academia.edu/40935068/THE_HISTORICAL_SIGNIFICANCE_AND_DEVELOPMENT_OF_THE_LITURGICAL_FEAST_IN_THE_HONOR_OF_THE_IMMACULATE_HEART_OF_THE_BLESSED_VIRGIN_MARY_AND_ST_JOHN_EUDES_CONTRIBUTION

[42] La traducción al inglés está tomada de Louis Levesque, *Leccionario propio de la Congregación de Jesús y María*, 1989.

[43] Juan Eudes, *The Admirable Heart of Mary*, xvii.

[44] Pío X, Carta Apostólica de Beatificación de Ven. Juan Eudes (11 de abril de 1909), Acta Apostolicae Sedis (Roma, 1909): 480.

[45] Juan Eudes, *The Admirable Heart of Mary*, 9.

[46] Para una descripción general de la mariología agustiniana, consulte Azam Vianney Mansha, https://www.academia.edu/38045363/An_attempt_to_understand_Augustian_Mariology

[47] Juan Eudes, *Oeuvres Completes* VII, 245.

[48] Juan Eudes, *Oeuvres Completes* VIII, 429.

[49] Juan Eudes, *Oeuvres Completes* VII, 279.

[50] Juan Eudes, *Oeuvres Completes* VIII, 461

[51] Juan Eudes, *Oeuvres Completes* I, 432-433.

[52] Juan Eudes, *The Admirable Heart of Mary*, 3.

CAPÍTULO 3: LA ESCUELA MARIANA

[53] Juan Eudes, *The Admirable Heart of Mary*, xvii.

[54] Para una presentación reciente sobre el significado y la celebración litúrgica de esta festividad, véase Luc Crepy y Marie-Françoise Le Brizaut, "La celebración litúrgica del Corazón de María", en *St. John Eudes: Missionary-Priest (1601-1680), Worker for the New Evangelization in the 17th Century*, 101-106.

[55] Juan Eudes, *The Admirable Heart of Mary*, 3.

[56] Juan Pablo II, *Redemptoris Mater* [La Madre del Redentor]. Ciudad del Vaticano: Prensa Vaticana, 1987, párrafo 26. https://www.vatican.va/content/john-paul-ii/es/encyclicals/documents/hf_jp-ii_enc_25031987_redemptoris-mater.html.

[57] John Rotelle, O.S.A., ed., "Sermón 187.1: El día de Navidad: La grandeza y la humildad de Cristo", en *The Works of Saint Augustine: A translation for the 21st Century, Sermons III/6: on the Liturgical Seasons*, trad. Edmund Hill, O.P., (Nueva York: New City Press, 1993), 27.

[58] Juan Eudes, *Oevres Completes* VII, 461 & 114.

[59] Curiosamente, el nombre propio de la Madre de Jesús nunca se menciona en el Evangelio de Juan. De hecho, es sorprendente que Juan no use el nombre de la Madre de Jesús, ya que Juan no se avergüenza de él. El nombre propio «María» aparece casi quince veces en el Evangelio: para referirse a María, la hermana de Marta; para referirse a María Magdalena; para referirse a María, la esposa de

Cleofás. Para este estudio, el nombre personal de la Madre de Jesús, María, se ha tomado de los Sinópticos.

[60] Véase Azam Vianney Mansha, "'The Mother of Jesus,' 'His Mother,' and 'The Woman,' An Attempt to Understand Johannine Mariology" (tesis de STL, Loyola School of Theology, 2017), 70-71.

[61] Verónica Koperski "The Mother of Jesus and Mary Magdalene: Looking Back and Forward from the Foot of the Cross in John 19,25-27," en *The Death of Jesus in the Fourth Gospel* (Lovaina: Universidad de Lovaina, 2007):849-58, 856.

[62] Véase Craig R. Koester, *Symbolism in the Fourth Gospel* (Minneapolis: Fortress Press, 2003), 240-41.

[63] Véase John Kurichiyaniyil, "Mary in the Gospel of John", BB 371/1 (marzo de 2011):42-73, 68.

[64] Véase C. K. Barrett, *The Gospel According to St. John: An Introduction with Commentary and Notes on the Greek Text*, 2ª ed. (Londres: SPCK, 1978) 459. Véase también M. de Goedt, "Un schème de révélation dans le quatrième évangile", NTS 8 (1961-62): 142-150.

[65] Véase Moloney, *The Gospel of John*, Sacra Pagina Series vol. 4, editado por Daniel J. Harrington (Collegeville, Minnesota: Liturgial Press, 1998), 504.

[66] André Feuillet, *Jesus and His Mother: The Role of the Virgin Mary in Salvation History and the Place of Woman in the Church*, trad. de Leonard Maluf (Massachusetts: St. Bede's Pub., 1984), 9

[67] Robert de Pas, *Marie, Icone de Jésus: textes de San Jean Eudes* (n.d. & n.p.), 14.

Material para la descripción en Amazon:

Es una historia de familia: el padre Azam ama a su mamá y ama a su Mamá…

Este folleto narra la aventura de un joven dispuesto a dejar atrás todo lo conocido para seguir la llamada del Señor. Confiando en la Virgen María para resolver sus problemas cada vez más inquietantes, conoció a un nuevo santo (San Juan Eudes), una nueva familia espiritual (la Familia Eudista) y una nueva forma de profundizar en la configuración del Corazón de Nuestro Señor mediante una devoción más auténtica al Corazón de Nuestra Señora.

www.ingramcontent.com/pod-product-compliance
Lightning Source LLC
Chambersburg PA
CBHW071122160426
43196CB00013B/2668